EXPLORATION AU ZAMBÈZE

SITUATION GÉOGRAPHIQUE ET ASPECT DU PAYS.

FLORE. — FAUNE.

HABITANTS. — PATHOLOGIE. — HYGIÈNE.

RAPPORT

Adressé à la Société des Fondateurs

de la *COMPAGNIE GÉNÉRALE DU ZAMBÈZE*

PAR

Rodolphe GAFFARD

MÉDECIN DE L'EXPÉDITION

PARIS

IMPRIMERIE Vᵉ ÉTHIOU-PÉROU

RUE DAMIETTE, 2 ET 4

1882

EXPLORATION AU ZAMBÈZE

SITUATION GÉOGRAPHIQUE ET ASPECT DU PAYS.

FLORE. — FAUNE.

HABITANTS. — PATHOLOGIE. — HYGIÈNE.

RAPPORT

Adressé à la Société des Fondateurs

de la COMPAGNIE GÉNÉRALE DU ZAMBÈZE

PAR

Rodolphe GAFFARD

MÉDECIN DE L'EXPÉDITION

PARIS

IMPRIMERIE Vᵉ ÉTHIOU-PÉROU

RUE DAMIETTE, 2 ET 4

—

1882

EXPLORATION AU ZAMBÈZE

SITUATION GÉOGRAPHIQUE

et Aspect du Pays

Au mois de mars 1881, une mission composée de quatorze Européens, ingénieurs, négociants, etc., s'embarquait à Marseille pour la côte orientale d'Afrique. Cette expédition, envoyée par la Société des fondateurs de la Compagnie générale du Zambèze, avait pour but d'explorer les bassins du bas Zambèze et de ses affluents au point de vue du commerce et surtout de l'industrie minéralogique. Dès son arrivée à Quelimane elle pénétrait dans l'intérieur en remontant le cours du fleuve sur de légères embarcations et, après trente-cinq jours d'une navigation pénible, elle arrivait au village de Tèté, situé à plus de 500 kilomètres de la côte. De là elle rayonnait dans toute la contrée, et après avoir visité les divers pays de la Machanga, du Mazoa, de la Manica, les rives du Revugo, du Moatis et aussi celles du Chiré jusqu'au mont Morumballa, elle reprenait en novembre le chemin de la France.

La région parcourue par cette expédition se trouve donc comprise entre 31° et 34° longitude est d'une part, et entre 16° et 19° latitude sud de l'autre. Le Zambèze y coule du nord-ouest au sud-est et se jette dans l'Océan indien, par plusieurs embouchures au sud de la ville de Quelimane.

QUELIMANE. — Cette ville, chef-lieu d'un district portugais, est bâtie sur un terrain bas et humide, offrant les plus mauvaises conditions de salubrité, à quelques kilomètres de la mer, sur la rive gauche d'une rivière portant son nom. Elle est le débouché de tous les produits de la Zambézie. Son port, large et profond, est desservi par les paquebots de la Compagnie British India, et par un assez grand nombre de voiliers qui viennent y charger les produits du pays en échange des articles de première nécessité de provenance européenne.

Les factoreries françaises de la maison Regis et de la maison Fabre, de Marseille, ainsi qu'une factorerie hollandaise, s'occupent exclusivement de l'exportation des produits oléagineux : arachides, sésames, copra (pulpe du coco) et aussi d'un peu de caoutchouc et de cire. L'ivoire est presque tout entre les mains des Banians, qui l'expédient aux Indes. Outre les fonctionnaires et les commerçants européens, la population comprend quelques centaines de Maures ou Indiens et plusieurs milliers de nègres.

La rivière de Quelimane paraît être un des bras du Zambèze. En effet, en remontant cette rivière on rencontre, à une distance d'environ trente lieues, le village de Maupea, qui n'est qu'à 4 kilomètres des rives du Zambèze et où se fait le transbordement des marchandises du haut du fleuve. En cet endroit la rivière porte le nom de Koua-Koua ou Quâquâ, et découle d'une série de marécages situés un peu plus au nord, ayant une communication plus ou moins directe avec le Zambèze au moment des inondations. Elle forme ainsi, avec le bras le plus méridional du fleuve, un immense triangle, à peu près équilatéral, de 25 à 30 lieues de côté. Ce delta est sillonné par un réseau inextricable de cours d'eau dont quelques-uns sont à sec pendant la sécheresse ; mais une grande partie du pays est inondée lors de la saison pluvieuse. Ce point est une des parties les plus fertiles de la Zambézie ; la végétation y est magnifique, et lorsque l'agriculture s'emparera de ces terrains elle y trouvera une source de grandes richesses.

La rivière de Quelimane est navigable en toute saison jusqu'à Nhandoa, point où la marée commence à ne plus se faire sentir. Plus haut la navigation devient plus difficile. La rivière, qui jusque-là avait plusieurs centaines de mètres de largeur et était très profonde, devient de plus en plus étroite, a très peu de fond et est obstruée par l'alfacinia, plante aquatique qui forme à la surface des eaux une couche très épaisse. L'on dépasse les villages d'Interré, Mugurumba, Candide, et on laisse à gauche le Moutou, petit affluent qui n'est pas navigable et qui met en communication le Zambèze et la rivière de Quelimane. Celle-ci prend alors le nom de Quâquâ et se rétrécit encore plus ; en certains endroits, il y a tout juste la place pour qu'une embarcation puisse circuler, en faisant des détours sans nombre au milieu des roseaux.

On trouve les villages de Mariangone, Nhamitoupi, Mondama, et l'on arrive enfin à Maupea, en s'estimant très heureux si l'on n'a mis que huit jours à effectuer ce trajet. Là il faut faire transporter les embarcations et leur contenu sur le Zambèze, distant de 4 kilomètres environ. Ce nouvel embarquement se fait généralement en un point du fleuve appelé Moutacataca près du village de Vicente au nord de Mazâro.

MAUPEA. — La plaine située entre les deux rivières est aussi très fertile, mais peu cultivée. Seul, M. Paiva Reposo a entrepris en cet endroit une culture d'opium et les résultats obtenus, quoique peu importants jusqu'ici, lui font espérer que le succès couronnera ses efforts. Le village de Maupea, situé sur la rive gauche du Quâquâ, se compose d'une quinzaine de maisons portugaises et de paillottes indigènes disséminées aux environs. C'est un endroit très malsain ; la fièvre paludéenne y est endémique, comme, du reste, dans tout le bas Zambèze, et pour peu que l'on y séjourne, on y contracte sûrement les germes de la maladie, ou l'on en subit les effets si l'on est déjà infecté.

Le Zambèze a, presque partout, même dans la saison sèche, une largeur d'au moins un kilomètre ; en bien des endroits il est beaucoup plus large. En toute saison il est navigable pour les embarcations qui ne calent pas plus de 40 à 50 centimètres. Toutefois, pendant la sécheresse, la difficulté est assez grande pour en remonter le cours, à cause des nombreux bancs de sable contre lesquels on va s'échouer et qui vous forcent à faire de nombreux et fatigants détours.

En partant le matin de Mazaro ou de Mutacataca, on dépasse dans la même journée, à droite le village de Cocorico, et à gauche celui de Chupanga, où se trouve la tombe de Mme Livingstone; l'on arrive le lendemain à Chamouara, chez la senhora Maria, où l'on est toujours bien reçu. A quelques heures de là, l'on aperçoit sur la rive gauche la chaîne de montagnes qui s'étend depuis Senna jusqu'au pic élevé de la Morumballa, que l'on peut voir dans le lointain, et l'on passe devant l'embouchure du Chiré. Le lendemain, dans la soirée, on arrive à Moussovo, propriété du senhor Ferrão, et ce n'est que le surlendemain qu'on atteint Senna, après avoir passé devant le Ziou-Ziou, cours d'eau qui met en communication le Zambèze et le Chiré.

Ce Ziou-Ziou offre une particularité assez remarquable. Ce n'est pas, comme on serait porté à le croire, un affluent du Zambèze; au contraire, les eaux de ce dernier fleuve, remontant dans la direction nord-est, vont se jeter dans le lac de Pinda, où elles rencontrent le Chiré, et de là retournent au Zambèze dans le lit et en même temps que les eaux de cette rivière. Ceci a été constaté par deux de nos compagnons qui sont allés par le Chiré jusqu'au lac de Pinda et sont revenus au Zambèze en remontant le Ziou-Ziou. Les indigènes ont confirmé le fait et ont ajouté qu'il en était ainsi à toutes les époques de l'année. La quantité d'eau fournie au lac de Pinda par le Ziou-Ziou étant de beaucoup supérieure à celle que lui donne le Chiré, ne serait-il pas plus rationnel, au point de vue géographique, de faire arrêter le Chiré au lac et de considérer la partie comprise entre le lac et le Zambèze comme un bras de ce dernier fleuve? Dans cette excursion sur le Chiré, nos amis ont visité une source d'eaux thermales à quelques kilomètres au nord du village de Paouro, au pied même de la Morumbala. L'eau sort de terre en bouillonnant et par plusieurs ouvertures; sa température est de 77° cent.; elle a une saveur fade et une légère odeur d'hydrogène sulfuré. Mais revenons à Senna.

SENNA. — Cette petite ville, située sur la rive droite du fleuve et à laquelle on n'arrive qu'en traversant des marécages insalubres, était autrefois chef-lieu de district et par cela même dotée d'une garnison et d'un gouverneur. Depuis que le Gouvernement du district a été transporté à Tété, il n'y a plus qu'un capitão mor et quelques soldats indigènes. Comme Maupea, elle se compose de plusieurs maisons européennes, dont une succursale de la factorerie hollandaise de Quelimane et d'une centaine d'habitations de noirs. Comme Maupea, elle est aussi très insalubre et, si l'on est obligé d'y séjourner, on ne saurait prendre trop de précautions hygiéniques.

En partant de Senna, on rencontre, à deux jours de marche, la propriété du senhor Manoël Antonio, à Chemba, sur la rive droite. C'est là, et avec le concours de ce dernier, qu'a été organisée l'expédition de la Manica. Trois jours après, on arrive au Guengué, chez doña Luisa, sœur du Bonga et comme lui exerçant sur la population une grande autorité. En continuant de remonter le fleuve, on rencontre, le quatrième jour, les premiers contreforts de la Lupata en un point appelé le Bandar.

Depuis Senna, le Zambèze suit une chaîne de montagnes située sur sa rive gauche ; à partir du Bandar, une seconde chaîne longe sa rive droite et va ainsi que la première rejoindre la Lupata. Le fleuve encaissé se rétrécit et devient plus rapide à mesure que l'on monte. On passe d'abord entre plusieurs pitons assez élevés, échelonnés sur les deux rives et reliés entre eux par des collines plus basses. Le pied de ces masses rocheuses est baigné par le Zambèze, et des fragments énormes de grès gris, provenant d'éboulements, ont roulé jusque dans ses eaux, où ils ajoutent encore à la difficulté de la navigation. A cause de la rapidité du courant, les mariniers sont obligés de remorquer l'embarcation au moyen d'une corde, en sautant d'une pierre sur l'autre. Si le bateau est pris en travers, il entraîne les nègres, jusqu'à ce que quelque roche ou un grand effort l'ait remis dans la direction. Parfois la tension du câble est telle, que celui-ci finit par se rompre, la barque s'en va alors à la dérive et se brise le plus souvent contre un rocher. Aussi, les indigènes redoutent ces parages et ont une vénération mêlée de crainte superstitieuse pour ces pics élevés, qu'ils regardent comme les maîtres de ce lieu. Ils ne passent jamais devant l'un d'eux, appelé Manacassis, sur la rive droite, sans descendre à terre et exécuter en son honneur une de leurs danses folles.

Plus loin, au véritable col de la Lupata, le Zambèze traverse la montagne par deux tranchées parallèles et taillées à pic. Ces deux gorges forment entre elles une île très élevée, appelée l'île de Mozambique, dont le sol est à 100 ou 150 mètres au-dessus du niveau de l'eau ; le fleuve y est très profond et m'a paru avoir une centaine de mètres de largeur. Là encore, grands efforts pour lutter contre le courant, d'autant plus que ni la corde, ni la gaffe ne peuvent être employées ; la pagaye seule doit faire franchir l'obstacle. On n'y arrive pas toujours du premier coup ; ce n'est quelquefois qu'au troisième ou quatrième essai qu'on atteint une petite baie située au delà du rocher, à environ 80 mètres, où les noirs peuvent se reposer de leur grande fatigue. Enfin, le passage le plus difficile est franchi et le lendemain on se trouve à Masangano, en présence de l'Eringa du senhor Santa-Cruz (Bonga), roi de ce pays. Ici l'on fera bien de ne pas s'arrêter, si l'on n'a pas un cadeau important à offrir à ce plus ou moins fidèle sujet du roi de Portugal. Les indigènes le redoutent beaucoup et pour cause ; quant aux blancs, ils évitent sa présence autant que possible. On laisse un peu au-dessus de ce point et sur la même rive l'embouchure de la Luenha, et l'on arrive enfin le lendemain à Tété, après un voyage dont la durée a été de trente à trente-cinq jours, selon la saison, l'état du fleuve ou l'ardeur des mariniers. C'est là que devait être notre quartier général et de là sont partis, en effet, les diverses expéditions du Mazoa, de la Machanga et du Moatis.

TÉTÉ. — Située sur la rive droite du Zambèze et sur plusieurs collines parallèles dont les vallées forment les rues de la ville, Tété se compose des habitations indigènes et d'une trentaine de maisons pour les blancs et les Portugais de Gôa. Outre le gouverneur, son secrétaire et le médecin, il y a encore un juge, un major, un bataillon de troupes indigènes commandé par trois officiers blancs, un curé, une quinzaine de commerçants portugais blancs ou indiens, et enfin quelques milliers de nègres.

La ville est pourvue d'une Chambre municipale, d'un hôpital, d'une bibliothèque. Un fort domine tous les environs, mais il ne reste plus que des ruines de l'ancienne forteresse et du mur d'enceinte décrits par Livingstone. A quatre ou cinq kilomètres à l'ouest et derrière Tété se trouve une montagne assez élevée, la Carruera. Tous les ans, au moment des crues, le Zambèze se creuse un lit dans la vallée large et profonde qui sépare cette montagne de la ville, de sorte que celle-ci se trouve au milieu d'une île pendant plusieurs semaines.

Toutes ces collines sont composées de grès gris ou grès houiller très tendre. Le calcaire n'y existe pas; on en rencontre quelques bancs sur l'autre rive, mais assez loin, du côté de la Machanga. Sur beaucoup de points et partout où le fleuve répand ses eaux d'inondation on trouve une couche épaisse de limon, à laquelle viennent s'ajouter les produits de la végétation formée pendant la saison chaude et humide. A quelques milles au nord-est de Tété sont les diverses couches de houille explorées par nos ingénieurs. Pour se rendre à ce bassin, on passe par le village de Nhamichère, à droite du Revugo, où j'ai pu visiter une source minérale d'eau froide, chlorurée sodique et sulfatée calcique. Dans les environs, les indigènes lavent la terre pour en extraire le sel.

Par suite de sa composition géologique et de sa situation élevée, Tété jouit d'une salubrité très grande, relativement aux autres points signalés plus haut. Sans doute, les germes infectieux, contractés dans le bas du fleuve, ne disparaissent pas; mais les accès de fièvre y sont moins intenses et moins fréquents. J'ai remarqué que ces accès coïncidaient le plus souvent avec l'apparition d'un vent du sud-ouest qui souffle avec assez de violence pendant la sécheresse.

L'état du ciel est généralement beau. Pendant les trois mois et demi que nous avons habité ce pays, je n'ai vu pleuvoir que deux fois à la suite d'orages. Toutefois, de gros nuages viennent souvent rompre la monotonie de cette beauté et roulent à une hauteur prodigieuse emportés par un vent rapide.

Pendant quelques jours seulement, j'ai eu a ma disposition un baromètre, qui m'a permis de tracer les graphiques ci-joints. Durant six jours consécutifs, le maximum de pression a été atteint à neuf heures du matin et le minimum vers cinq heures du soir. Le défaut d'instrument m'a empêché de vérifier s'il en est toujours ainsi et d'observer aussi à un autre point de vue les variations barométriques.

La moyenne des températures, ainsi qu'on peut s'en assurer dans le tableau ci-joint, a augmenté progressivement durant notre séjour à Tété. De 23° cent. environ qu'elle atteignait en juin, elle s'est élevée jusqu'en septembre, où elle était de 35° cent. Elle a dû s'élever encore après notre départ, car décembre est, dans ces contrées, le mois le plus chaud.

FLORE

La flore du bassin de Zambèze est loin d'égaler en beauté et en abondance la belle végétation que l'on trouve dans certaines régions des tropiques de l'Amérique et de l'Asie. En bien des points, les terres desséchées n'y produisent que des fourrés d'arbustes épineux. On y voit cependant quelques forêts épaisses conservant la verdure éternelle des contrées tropicales, et les inondations du fleuve entretiennent la vie végétale sur ses bords pendant une partie de l'année. Je dois ajouter que notre voyage, s'étant effectué durant la sécheresse, une foule de plantes herbacées qui n'apparaissent qu'à la saison pluvieuse ont échappé à mes recherches. Parmi celles qu'il m'a été donné de voir, je ne citerai ici que les plus importantes au point de vue alimentaire, médicinal et industriel.

PLANTES ALIMENTAIRES. — Les graminées y produisent le mil, le maïs et le riz, qui forment la principale nourriture des nègres, et plusieurs espèces fourragères servant à l'alimentation des troupeaux.

Le sorgho et la canne à sucre y croissent avec vigueur, et quelques essais de culture du froment y ont parfaitement réussi.

Parmi les plantes indigènes produisant des fruits comestibles on trouve d'abord le cocotier, dont le nègre sait tirer tant de parti; les manguiers, arbres magnifiques qui, réunis en grand nombre, forment des bois ombragés, lieu de prédilection des singes ; puis viennent plusieurs espèces de bananiers, le jujubier, l'ananas, le goyavier, le carica papaya et l'anacarde occidental dont le fruit connu dans le pays sous le nom de cajou (noix d'acajou), fournit une amande très estimée des indigènes et un suc noirâtre employé comme vernis. La mûre des haies, fruit de la ronce sauvage, est assez commune, et le caféier, qui y croît spontanément, donne un grain presque semblable au moka et, comme lui, très aromatique. On a de plus importé d'Europe et on y cultive abondamment les oranges, citrons, cédrats, ainsi que la grenade. A Quelimane, M. Militão Nûnez obtient dans son jardin des raisins magnifiques.

Comme plantes potagères, les choux, les navets, les radis, la chicorée, la laitue y ont été importés; mais plusieurs espèces de pois, de gesse, de haricots, les oignons, les poireaux, l'échalotte, les courges et divers concombres y croissant spontanément et en abondance.

Le *capsicum annuum* (piment), le poivre de Guinée, sont cultivés et employés comme condiment; il en est de même de la tomate, que l'on trouve partout.

Enfin le manioc, la patate douce, l'igname, entrent pour beaucoup dans l'alimentation des habitants, ainsi que le sésame et l'arachide, qui de plus font l'objet d'un grand commerce entre l'Europe et le continent africain.

PLANTES MÉDICINALES. — Plusieurs familles fournissent de nombreux produits à la matière médicale; parmi les légumineuses, le tamarin, le séné (*cassia acutifolia*) sont des purgatifs bien connus; la gomme arabique, produit de l'acacia vera, le kino et le sang-dragon, gommes-résines coulant de divers ptérocarpes, pourraient y être exploitées ainsi que quelques autres espèces, surtout du genre cassia.

La mercuriale vivace, le ricin arborescent abondent surtout près des cours d'eau; on y trouve encore, mais plus rarement, une espèce de croton et notre *euphorbia esula*. Dans cette famille, le *siphonia elastica* et divers *euphorbia* sont très communs. Parmi les euphorbes cactiformes, les plus abondantes sont l'*euphorbia antiquorum* à rameaux articulés triangulaires et l'*euphorbia officinarum* polyangulaire, dont le suc laiteux contient une grande proportion de caoutchouc. Ce suc contient aussi une gomme-résine d'une saveur âcre et corrosive produisant une vive inflammation de la muqueuse nasale et de la conjonctive. On ne doit donc manier ces plantes qu'avec précaution, car, à la moindre blessure faite à leur épiderme, elles laissent échapper et projettent quelquefois avec force le suc violent qu'elles renferment.

La famille des solanées y compte une espèce de datura très répandu aux environs de Tété, la douce-amère et la morelle noire. Le tabac y est cultivé par les indigènes.

La mauve, la guimauve, une camomille, une borraginée, les pervenches et le laurier-rose ne sont pas rares dans le haut du fleuve; et, parmi les lianes qui bordent ses rives, le colombo et la bryone africaine entrelacent leurs tiges grimpantes.

Plusieurs amomacées y sont cultivées, surtout le curcuma, dont les nègres emploient la matière colorante; ils se servent aussi d'une espèce de saponaire pour le lavage du linge et font une tisane rafraîchissante avec un rhizôme de graminée ressemblant beaucoup à notre chiendent.

L'argémone (*papaver spinosum*), dont les nègres emploient les graines comme purgatives, est le seul représentant de la famille des papavéracées. Depuis deux ans on a importé et on cultive à Maupea le *papaver somniferum*.

Je citerai encore une petite espèce herbacée d'aloës, trouvée sur les collines du Moatis, et je terminerai en nommant le majestueux baobab (*adansonia digitata*), très commun dans ces parages et avec le fruit duquel les nègres fabriquent une boisson agréable, astringente et fébrifuge.

PLANTES INDUSTRIELLES. — Plusieurs d'entre elles pourraient être l'objet d'un commerce très important. Une des principales est le coton (*gossypium arborescens*), qui donne un produit à fibre courte et résistante, d'une grande blancheur. Une sterculiacée du genre bombax a aussi ses graines entourées d'un duvet blanc semblable au coton, mais à brins très courts et peu tenaces. Les indigènes emploient encore comme matière textile les fibres ligneuses très fortes de l'agave, celles d'une espèce de sansevière et aussi celles de divers palmiers, surtout le cocotier.

D'autres fournissent une matière colorante; tels sont la rose trémière, le nerprun des teinturiers, le curcŭma, et l'indigo qui pousse partout en abondance à l'état sauvage.

Les nègres emploient comme ornement les graines de l'*abrus precatorius* sous forme de colliers et bracelets. Avec les fruits du coco et de diverses cucurbitacées ils font des calebasses, des écuelles et autres ustensiles de ménage. Les roseaux et les bambous servent à construire leur habitation, autour de laquelle ils cultivent, pour leur usage, quelques pieds de tabac. L'industrie du tabac, qui n'a jamais été tentée au Zambèze, fournirait, je crois, de bons résultats, de même aussi celle du caoutchouc. Les ficus, les euphorbes en produisent abondamment et personne ne l'exploite.

Comme bois de construction ou d'ébénisterie, on pourrait utiliser les arbres produits par de nombreuses familles. Les légumineuses des genres mimosa, bauhinia, cœsalpinia, sont très nombreuses, et le dalbergia sissoo fournit un bois d'ébène aussi beau que le véritable. Plusieurs ficus, un plaqueminier et une sterculiacée pourraient être employés pour le même usage, ainsi que d'autres genres appartenant aux sapotacées, palmacées, combretacées, sapindacées, etc.

Quelques eucalyptus ont été plantés à Quelimane, mais, jusqu'ici, ne paraissent pas devoir pousser vigoureusement. Je crois cependant que, dans d'autres localités et sur un autre terrain, cet arbre viendrait à merveille et rendrait les services qu'on attend de ses émanations salubres.

Parmi les plantes diverses qui ne peuvent être comprises dans les catégories précédentes et que l'on trouve facilement, je citerai d'abord les fougères arborescentes communes dans la forêt de Maupea ; quelques espèces de fougères herbacées et quelques orchidées ont été trouvées à la Manica ; puis des convolvulus, des belles-de-nuit, la vigne sauvage, les pois à gratter (*dolichos pruriens*) et un grand nombre de cucurbitacées volubiles que l'on voit fréquemment sur les rives du fleuve.

Dans l'intérieur des terres, on trouve encore divers pétunias, la mandragore, un marantha, une joubarbe, des glaïeuls, divers cardons, un pogostemon très odorant, le basilic et le calament des montagnes, qui abonde aux environs de Tété.

Le rosier a été acclimaté.

Enfin, le funeste palétuvier (*rhizophora mangle*) croît abondamment sur les bords de la mer et semble prédire aux voyageurs qui débarquent sur cette côte les atteintes probables de la fièvre paludéenne.

FAUNE

La faune est riche et variée, comme celle de toute l'Afrique centrale. Je ne citerai ici que les espèces que j'ai vues et, aussi quelques-unes dont j'ai vérifié l'existence sans les voir. Ainsi, le lion, par exemple, que je n'ai pas rencontré, mais dont j'ai entendu les rugissements et dont j'ai constaté les ravages au village de Palira, près des gisements houillers, existe sans aucun doute pour moi dans cette contrée. Du reste, la frayeur seule des nègres, lorsqu'on parle du pandoro (lion) devant eux, suffirait à convaincre les plus incrédules. Il en est de même du porc-épic, que je n'ai pas vu, mais dont j'ai trouvé les piquants dans un bois, et de quelques autres dont je n'ai vu que la dépouille, soit abandonnée, soit entre les mains des indigènes.

Pour plus de clarté, je vais les grouper suivant une des méthodes classiques.

MAMMIFÈRES. — Les **quadrumanes** sont représentés par de nombreuses troupes de macaques, de cercopithèques et de cynocéphales. — Dans les premiers, le maugabey, puis le cercopithèque de Lalande, et, parmi les derniers, les cynocéphales babouin et chacma. J'ai eu aussi entre les mains un crâne de singe, rapporté par un de mes compagnons de l'expédition du Masoa. Les grandes dimensions de ce crâne (25 centimètres de l'extrémité maxillaire au trou occipital) et la longueur des canines me font croire qu'il appartenait à une guenon de forte taille, sinon à un anthropomorphe.

Parmi les **cheiroptères,** deux espèces de chauve-souris assez grosses et une espèce d'oreillard. Ces derniers habitent en troupe les toits des maisons et, le soir, au crépuscule, ils sortent tous ensemble en bataillons serrés. Ce défilé dure quelquefois un quart d'heure.

Le hérisson ordinaire est le seul **insectivore** que j'ai vu.

Les **carnivores plantigrades** sont peu ou point représentés dans cette région ; je n'en ai point rencontré. Mais les **digitigrades** y sont fort nombreux.

Le lion, le léopard et la panthère, qui habitent les forêts pendant le jour, ne craignent pas de venir pendant la nuit, dans les villages, emporter une proie facile. Les hyènes rayée et tachetée s'y trouvent en grand nombre, et leur voracité est telle qu'elles viennent, malgré leur lâcheté, jusque dans les habitations dérober tout ce qu'elles peuvent.

Le chat sauvage, le serval, le chat de la Cafrérie et le chien sauvage s'approchent moins des lieux habités, on ne les rencontre que dans les bois touffus. Ce chien (*canis mesomelas*), assez redoutable, se réunit au nombre de cinq ou six pour chasser la gazelle. Un de nos compagnons a assisté un jour à la curée d'une de ces meutes et est parvenu, à coups de revolver, à leur enlever une belle antilope qui n'était pas encore trop maltraitée.

Je citerai encore, parmi cet ordre, une espèce de fouine et la civette d'Afrique, dont j'ai gardé un spécimen à l'état domestique, pendant quelques mois, dans la cour de notre maison, à Tèté.

Rongeurs. — Outre les rats ordinaires, souris, campagnols et mulots qui pullulent en Afrique autant, sinon plus, qu'en Europe, j'y ai vu encore un rat gros comme une marmotte et d'une longueur de 40 à 50 centimètres, queue comprise. Le nègre qui l'avait tué se trouvait très heureux d'une pareille aubaine, car la chair de cet animal est très estimée des indigènes.

Le lièvre ordinaire se trouve abondamment aux environs de Tèté ; près du littoral, on rencontre le lapin des sables (*cuniculus arenarius*). Dans les bois, j'ai trouvé les piquants d'un porc-épic ordinaire et, au dire des noirs, ce rongeur n'est pas rare dans la contrée.

L'ordre des **édentés** ne m'a fourni qu'une seule espèce du genre manis : c'est le pangolin phatagin. J'ai essayé, sans pouvoir y parvenir, de conserver un de ces curieux animaux à enveloppe écailleuse, mais leur nourriture consistant en fourmis, termites, etc., la difficulté était trop grande.

Parmi les **pachydermes**, nous avons d'abord l'éléphant, l'une des principales sources de commerce pour toute la province. Les défenses d'ivoire qui en font l'objet viennent surtout du haut Zambèze ; l'animal n'existe plus aujourd'hui près du littoral ; on ne le rencontre qu'assez loin dans l'intérieur. Il y en a encore, dit-on, à la Manica.

Vient ensuite l'hippopotame, très commun dans le Zambèze et aussi dans la rivière de Quelimane, jusqu'aux bords de la mer. Il n'est pas rare de le rencontrer par troupes de vingt à trente ; mais il se laisse approcher difficilement, sans doute depuis qu'il connaît les effets des armes perfectionnées.

Le rhinocéros est plus courageux, et il est bon pour le chasser d'agir avec prudence. Un de nos compagnons en a tué un, mais non sans courir de graves dangers.

Outre les porcs, que les indigènes élèvent en domesticité, il y a encore le sanglier ordinaire et le sanglier à masque ; ces derniers se tiennent dans des endroits tout à fait écartés et dans les fourrés les plus épais.

Parmi les **solipèdes**, le zèbre, le couagga et probablement le daws vivent à l'état sauvage. On a essayé d'acclimater le cheval et l'âne. Jusqu'ici, les essais ont peu réussi pour le cheval. Soit que les soins fissent défaut, soit que la nourriture ne fût pas convenable, ou peut-être par l'action seule du climat, les chevaux importés de Timor ou de Zanzibar n'ont pas tardé à périr.

Quant aux ânes, ils résistent plus facilement, et, en ce moment même, un habitant de Tété en élève cinq ou six qui, une fois domptés, pourront rendre d'utiles services.

Les **ruminants** sont surtout représentés par les genres antilope, chèvre, mouton et bœuf. Je citerai parmi les nombreuses antilopes la gazelle euphore, l'antilope chevaline, l'algazel, le coudou, le gnou, dont la chasse est à la fois si attrayante et si difficile.

De nombreux troupeaux de chèvres naines et de moutons à large queue vivent à l'état domestique. On rencontre aussi quelques troupeaux de bœufs à bosse (*zébu; bos indicus*), qui servent pour l'alimentation des éleveurs, mais non pour leurs travaux. On n'a pas su jusqu'ici utiliser ces animaux, qui rendraient cependant de grands services dans ce pays, où le nègre fait l'office de bête de somme.

Dans l'expédition de la Manica, nos compagnons ont aperçu un troupeau de buffles. Est-ce le buffle du Cap ou le buffle brachycère du centre de l'Afrique?

Tels sont les principaux mammifères des bords du Zambèze et des pays environnants ; passons maintenant à la classe des oiseaux.

OISEAUX. — **Grimpeurs.** — La famille des perroquets est assez mal représentée. Je n'en ai aperçu qu'une espèce qui m'a paru être un psittacus. Mais les grimpeurs proprement dits y sont très nombreux et remarquables par le brillant et la variété de leur plumage. Les espèces que j'ai examinées se rapportent surtout aux genres pic, pogonias, couroucous et coucous. Dans ce dernier, je citerai seulement le coucou cuivré, au plumage éclatant, et le coucou indicateur, si cher aux Hottentots.

L'ordre des **rapaces** est aussi très nombreux ; les genres vautour, gypaète, faucon, aigle, pygargue (*haliætus vocifer*), épervier, buse, y ont tous une ou plusieurs espèces et, parmi les nocturnes, les grands-ducs y atteignent des dimensions colossales.

Pigeons. — Plusieurs variétés à l'état domestique. A l'état sauvage, on rencontre quatre ou cinq espèces de tourterelles. L'une d'elles a sur les ailes plusieurs taches vert foncé métallique d'un très bel effet. On trouve aussi une espèce de pigeon ayant le plumage complètement vert, comme un perroquet, les pattes, le bec et le tour des yeux rouges. Je crois que c'est un colombar. Afin d'en connaître exactement l'espèce, j'en ai rapporté en France une paire qui m'a été donnée par M. Rossi, directeur de la factorerié Régis, à Quelimane.

Gallinacés. — Les indigènes ont presque tous autour de leur cabane des coqs et des poules en domesticité. Mais le chasseur trouvera facilement dans les champs et surtout près des cours d'eau la pintade commune et aussi une autre espèce, la *numida cristata*, non moins savoureuse que la première. Il trouvera encore, mais dans les bois, une perdrix brune, le francolin, et près des cultures de riz ou de sorgho, la caille à ventre perlé. J'ai tué aux environs de Tété un tridactyle (*turnix tachydrome*) dont le fumet ne le cède en rien à celui du perdreau.

Palmipèdes. — Les abords du Zambèze et des autres cours d'eau sont peu praticables en bien des endroits ; aussi ne peut-on guère, de sur les rives, chasser les oiseaux aquatiques. Mais si l'on prend une barque, surtout une almendia, qui fera moins de bruit, on rencontrera presque à discrétion des canards et des oies sauvages, des plongeurs de toute sorte, peut-être un pélican, un cormoran ou un flamant. On pourra trouver encore, mais parmi les **échassiers,** des râles, des poules d'eau, des bécassines, des chevaliers et des courlis, la cigogne noire, le héron goliath et, plus souvent, le héron commun. Les grues abondent aussi et, parmi elles, la grue couronnée et la demoiselle de Numidie ; enfin, on pourra rencontrer encore l'outarde, mais je n'en répondrais pas, car je n'en ai vu qu'une seule. La rivière de Quelimane et le Quâquâ abondent surtout en oiseaux aquatiques de toute espèce, mais pour approcher le gibier et aussi pour le recueillir, les difficultés sont grandes, à cause de l'alfacinia, qui obstrue complètement la rivière en bien des points.

Je ne parle pas de l'autruche, elle n'existe pas dans le pays ; mais il ne faudrait pas aller bien loin pour la rencontrer. On m'a affirmé qu'on en trouvait avant d'arriver au Zumbo.

Passereaux. — Cet ordre si vaste a de nombreux genres représentés dans la Zambésie ; voici ceux dont j'ai vérifié quelques espèces : martin-pêcheur, pie-grièche (bagadais), gobe-mouches, merle (merle bleu ou pétrocincle), hoche-queue, fauvette, cotinga (cotinga bleu).

Dans une autre famille, les genres : alouette (sirli), coliou (coliou à dos blanc), martin-rose, corbeau, geai (geai bleu huppé),

rollier, bengali, senegali, veuve (à deux brins), gros becs, becs croi-
sés (le républicain), — bec en ciseaux. Puis les hirondelles de fenêtre,
les engoulevents. Enfin, une espèce de huppe et un sucrier vert. La
plupart de ces passereaux ont été trouvés dans les environs de Tété.

REPTILES. — Chéloniens — Dans les terrains humides, on
trouve une tortue terrestre ayant 25 à 30 centimètres de longueur,
le dos très bombé et ressemblant assez à la tortue grecque ; mais
elle a les pattes de derrière et de devant semblables, ce qui n'a pas
lieu pour la tortue d'Europe. J'ai vu aussi une tortue de marais plus,
plate, mais deux fois plus grande que la précédente.

Parmi les **sauriens** vient d'abord le crocodile vulgaire, qui
pullule dans le Zambèze et ses affluents. Je ferai remarquer à son
sujet que, comme presque tous les animaux sauvages, il redoute
l'homme blanc. J'ai vu quelquefois une almendia chargée de plusieurs
nègres passer à quelques mètres de cet animal, sans que celui-ci
parût s'en apercevoir. A Tété, il ne se passait pas de semaine sans
que quelque négresse, allant puiser de l'eau, ne fût attaquée et quelquefois entraînée dans le fleuve par l'ignacoco (crocodile). Mais
lorsque l'un de nous voulait lui faire la chasse, il avait toutes les
peines du monde à arriver à portée de son arme. Cependant, il ne
ferait pas bon le relancer jusque dans son élément; il est probable
que, dans l'eau, la différence de couleur n'existerait plus. On a dit
aussi, bien souvent, que la peau du crocodile résistait à la balle. Ce
fait n'est pas exact, du moins pour la carabine Winchester ni pour le
fusil de chasse calibre 12. Toutes nos balles ont pénétré. J'ai même
vu une balle Winchester, à plus de 100 mètres de distance, traverser
la tête et la patte d'un crocodile et aller au delà s'enfoncer dans le
sable. Dans certains endroits, les nègres mangent le crocodile ;
d'autres, au contraire, l'ont en horreur. La chair de ce reptile est assez
fade et peu délicate ; cependant, un morceau du filet d'un animal jeune,
fraîchement tué, préparé comme la raie au beurre noir, ne nous a pas
paru désagréable et je n'ai pu reconnaître cette forte odeur de musc
dont on a tant parlé.

Après le crocodile, le plus grand de cet ordre est une espèce d'iguane qui a une longueur de 1 mètre à 1 mètre 50 centimètres et que l'on rencontre sur les bords du fleuve. Les nègres le trouvent bon à manger.

On y voit encore, mais alors dans les terres et près des habitations, le caméléon ordinaire, le gecko verruqueux, le gecko des maisons, le lézard gris, le lézard vert et enfin, sur les rochers, un lézard gris avec deux bandes noires sur le dos, et la queue d'un bleu d'azur sans aucune tache.

Ophidiens. — Comme serpents. j'ai vu la peau de deux pythons qui avaient 3 mètres de longueur et dont le diamètre égalait environ 10 à 15 centimètres dans la partie la plus grosse.

Plusieurs sortes de couleuvres sont très communes. même dans l'intérieur des maisons. Mais ce qui est plus redoutable est une espèce de serpent à crochet venimeux, de couleur jaunâtre et d'un aspect hideux qui, au dire des nègres, occasionne la mort en très peu de temps. Je crois que c'est un échidné.

BATRACIENS. — Dans cette classe, la grenouille, la rainette, la salamandre commune se rencontrent partout où il y a de l'eau et avec des variétés différentes.

Il en est de même des crapauds ; ils sont fort nombreux et de toutes les dimensions.

POISSONS. — Je me contenterai de citer le requin et la scie commune, qui viennent jusque dans le port de Quelimane. De temps en temps, quelque nègre imprudent subit les atteintes de ces terribles squales, et, s'il n'y perd pas toujours la vie, il y laisse habituellement un de ses membres.

INSECTES. — Quoique la Zambézie ne m'ait pas semblé être une des contrées favorisées sous le rapport des insectes de collections, on y trouve cependant un assez grand nombre d'espèces remarquables par leur grande taille ou l'éclat de leurs couleurs. Parmi les **coléop-**
tères, les genres anthies et carabes sont assez répandus ; les man-

ticores le sont moins : je n'en ai vu qu'un seul échantillon ; mais on y trouve en abondance les hannetons, les scarabés, les brentes, les brachycères, qui tous servent d'amulettes aux indigènes. Les brachycères surtout sont les plus vénérés ; leur taille (il y en a de la grosseur d'une noix), leurs taches rouges sur fond noir et leur forme assez irrégulière les font rechercher des naturels, qui les disposent autour de leur cou ou les attachent, soit à leurs armes, soit à leurs pipes, en leur vouant une profonde vénération.

Ils emploient aussi dans le même but le lucane cerf-volant et le grand capricorne ; mais la puissance de ces derniers est moins grande et, par conséquent, ils sont moins estimés.

On voit dans cet ordre des insectes magnifiques, aux couleurs vives et variées, dont une espèce a la couleur de l'or ; ce sont des sagres. Mais on y trouve aussi des animaux plus modestes et plus malfaisants, les calendres, qui portent un grand préjudice aux plantations de riz et autres céréales, et de même, la calendre du palmier, dont les nègres mangent la larve avec plaisir.

Je ne dois pas oublier de nommer ces coléoptères si étranges, qui m'ont si fort étonné la première nuit que j'ai passé en Afrique. Je veux parler des pyrophores et des lampyrides. Ces mouches lumineuses voltigent souvent isolées, mais quelquefois elles se réunissent en grand nombre dans le même endroit, et alors, si la nuit est un peu obscure, on a ce curieux spectacle d'un éclairage naturel par cette foule d'étincelles qui volent dans les airs.

Dans l'ordre des **orthoptères**, outre le perce-oreille inoffensif et plusieurs espèces de blattes qui causent de grands dégâts dans les magasins aux provisions, nous trouvons encore au Zambèze et dans les champs la mante religieuse et la mante striée, les phasmes aux longues pattes et aux formes singulières, et les phyllies, semblables à une feuille sèche.

Les criquets, les grillons et les sauterelles ne manquent pas non plus. Parmi les premiers, il en est une espèce de grande taille, aux ailes d'un rouge feu, que l'on prend souvent pour un oiseau au moment où il s'envole. Il y a encore le criquet pèlerin, celui qui, connu sous le nom de sauterelle de passage, se réunit en bandes innombrables, prend son vol et détruit toute végétation dans la contrée où il s'abat.

Parmi les **hémiptères**, je ne puis citer qu'une espèce de cigale jaune et noire, plus petite que notre cigale commune, et, dans une autre famille, la punaise des lits et son terrible ennemi, le reduve masqué. Les punaises des bois, à l'odeur repoussante, se recontrent partout et, parmi elles, le genre scutellère en contient qui sont ornées de magnifiques couleurs.

L'ordre des **névroptères** est représenté sur les bords du fleuve par les libellules et les acrions aux couleurs éclatantes et variées. Il l'est encore par le fourmi-lion, dont la larve, comme chacun sait, construit si adroitement un piège pour subvenir à sa nourriture. Mais le genre le plus remarquable de cet ordre est sans contredit celui des termites. Il existe au Zambèze plusieurs espèces de ces animaux, connus sous les noms de fourmis blanches, mouchins. Ils sont d'une voracité telle, qu'à moins de précautions infinies, on ne peut conserver dans les habitations aucune matière organique. Les uns construisent leur demeure dans les vieux troncs d'arbre, dans les boiseries des maisons, d'autres les établissent dans la terre, enfin quelques-uns bâtissent leur nid à la surface du sol avec de la terre gâchée. Ces derniers nids, d'une dimension colossale par rapport à leurs constructeurs, ont généralement la forme d'un cône. J'en ai vu qui avaient à leur base 3 mètres de diamètre sur 4 ou 5 mètres de hauteur. On n'aperçoit aucune ouverture extérieure; ils sont disposés intérieurement en un grand nombre de loges de dimensions variables et, pour y arriver, les termites ont creusé une galerie souterraine. Leur grande solidité permet de monter sur le toit sans qu'ils s'effondrent, et le pic ou la hache sont nécessaires pour entamer cette solide cons-truction. On en rencontre beaucoup sur les rives du Zambèze, tantôt isolés, tantôt réunis en un groupe que l'on prendrait de loin pour un village.

Outre les abeilles domestiques, les bourdons et les guêpes, qui ne sont pas rares au Zambèze, l'ordre des **hyménoptères** y compte de nombreuses espèces du genre fourmi. Ces innombrables insectes se trouvent partout; il est impossible, ou à peu près, d'éviter leur présence dans les aliments, les boissons, etc. Les habitations en sont infestées. La piqûre de certaines espèces n'occasionne qu'un léger prurit, mais d'autres mordent avec rage, et si l'on a le malheur de s'endormir près de leur nid, on se réveille bientôt en proie à d'horribles souffrances, et l'on n'a plus qu'à fuir au plus tôt ce lieu de torture.

Parmi ces dernières, il en est une espèce, de couleur rougeâtre, qui a des instincts féroces et belliqueux. Lorsqu'elle a tout détruit dans un endroit, elle émigre et traverse en colonnes serrées de très grandes distances. Ces fourmis paraissent être carnivores; elles font disparaître rapidement tout ce qui a cessé de vivre.

Viennent ensuite les moustiques et les maringouins, de l'ordre des **dyptères.** De leur suçoir délié, ils percent notre peau, même à travers les habits; et, tout en laissant échapper un liquide vénéneux qui fait gonfler la partie atteinte, ils sucent notre sang avec avidité en déterminant de vives douleurs.

A Quelimane, il y en a beaucoup, mais c'est surtout en montant la rivière Quâ-Quâ qu'on est incommodé par ces terribles insectes; pendant la nuit, les moustiquaires ne peuvent vous en préserver; l'acide phénique, répandu à profusion sur les couvertures et autour du lit, ne les éloigne pas non plus; la fumée seule, et une fumée épaisse produite par de la paille ou des roseaux, est le seul moyen praticable dans un endroit clos. En certains points, ils sont si nombreux qu'on les écrase par cinquantaines chaque fois qu'on se frappe la joue; dans ces conditions, et c'est surtout dans les roseaux qu'il en est ainsi, on est obligé de retourner sur ses pas et de prendre un autre chemin. A Tété, il y en a relativement peu.

Outre les mouches ordinaires, dorées, bleues, de toute espèce, on trouve encore dans cet ordre le dyptère, connu sous le nom de tsetsé. Je n'en ai pas vu dans tout le bas fleuve et, au dire des indigènes, elle n'y existe pas. Ce qui le prouve, du reste, c'est le nombre de bestiaux de toute sorte élevés par les habitants dans toute cette contrée. Mais à quelques journées de marche de Tété, dans l'expédition de Mazoa, nos compagnons en ont rencontré et, au retour en France, quelques échantillons ont été donnés au Muséum d'histoire naturelle.

Les **lépidoptères** m'ont paru faiblement représentés dans la Zambézie ; j'y ai vu cependant un nocturne assez grand (15 à 16 centimètres d'envergure), qui m'a paru être une saturnie.

Je n'ai plus qu'à citer les **parasites** pour terminer la classe des insectes, et, parmi eux, outre les parasites produits par la malpropreté, il en est un qui peut occasionner des accidents assez graves, si l'on néglige la blessure qu'il produit. Je veux parler de la puce pénétrante ou chique. Cet insecte, tout petit, peut percer les vêtements et pénétrer dans les chairs ; c'est surtout sous la peau du talon et sous les ongles du pied qu'il va se fixer. Si on ne l'extrait pas tout de suite, il donne naissance à une nombreuse progéniture, qui détermine un ulcère assez difficile à guérir. L'extraction de cet animal n'est pas toujours une chose aisée ; le mieux est de s'adresser tout de suite à une vieille négresse, qui s'acquittera à merveille de l'opération.

ARACHNIDES. — Plusieurs espèces d'araignées de toutes les dimensions ne sont pas rares dans les lieux habités ; j'ai trouvé sur un buisson, au milieu de sa toile assez forte, une araignée grosse comme le bout du doigt, aux longues pattes velues, dont les yeux formaient un quadrilatère au centre, et quatre autres étaient disposées par paires de chaque côté. Ce qui me fait citer cette espèce, que je crois être une épeire tendeuse, c'est la belle coloration bleue rayée de jaune de son abdomen volumineux.

J'ai vu plusieurs scorpions dans notre maison, à Tété ; j'en ai même trouvé un sur la couverture de mon lit. Néanmoins, personne n'a été piqué et je n'ai pu voir l'effet produit par leur venin. Cette espèce avait de 7 à 8 centimètres de long et une coloration blanc sale ou jaunâtre ; je crois que c'est le scorpion roussâtre des auteurs, dont la piqûre est, dit-on, fort dangereuse.

MYRIAPODES. — Dans cette classe, j'ai vu des jules en très

grand nombre; mais je n'ai vu qu'une seule fois la scolopendre mordante.

CRUSTACÉS. — Quant aux crustacés, je puis citer les crabes et les crevettes, qui abondent dans le port de Quelimane; les cloportes et les armandilles, dans les habitations ou sous les pierres.

ANNELIDES. — Comme faisant partie de cette classe, je nommerai la sangsue. Les nègres connaissant l'emploi médical de cet annelé sont venus m'en offrir plusieurs fois. J'ai pu constater qu'il y en avait de deux espèces, l'une verte, l'autre brune, toutes deux de petite taille. N'ayant pas eu l'occasion de m'en servir, je ne saurais dire si elles remplissent bien leur rôle médicinal.

CESTOIDES. — J'ai constaté chez un Européen et chez plusieurs indigènes la présence du ténia solium, et une fois celle du bothriocéphale large. Je n'ai pas vu le ver de Guinée.

HABITANTS

CARACTÈRES ET COUTUMES. — Les indigènes du Zambèze appartiennent, les uns à la famille cafre, les autres à la race nègre proprement dite. Les premiers ont le teint moins foncé et moins luisant ; leur face plus régulière, moins prognathe et la fierté de leur maintien indiquent un caractère plus élevé.

Du croisement de ces deux races et aussi par leur mélange avec des Portugais de Goa et quelques Européens, il est résulté des variétés nombreuses de tous caractères et de toutes nuances. Sur le littoral, les hommes sont en général plus petits et moins forts que dans l'intérieur. Aux environs de Têté, ils sont robustes et grands. Les femmes y sont aussi plus fortes ; leur taille est assez petite, mais elles sont trapues et bien musclées.

Les habitations sont construites en paille et en roseaux. Autour de la demeure, quelques cultures de riz, de maïs ou de sorgho leur assurent leur principale nourriture, qui consiste en une bouillie faite avec la farine retirée de ces plantes ; la nature leur prodigue le supplément sous forme de cocos, mangues, jujubes, manioc, etc. Comme boisson, ils ont le soura, sorte de vin exsudant du bourgeon terminal d'une espèce de palmier, et plus souvent le pombé, bière fabriquée avec les graines fermentées du riz ou du sorgho.

Le vêtement des femmes consiste en une pièce de cotonnade ou un mouchoir bariolé qui les enveloppe depuis les genoux jusqu'au-dessus des seins. Elles ne sont pas tatouées, mais dans leur jeune âge, les parents, au moyen d'un fer rouge, leur font de nombreuses brûlures, habituellement en forme de croix, sur toute la partie supérieure du corps ; et ces cicatrices, qui grandissent avec l'âge, donnent à leur visage un aspect repoussant. Elles ont aussi l'habitude de se limer les deux incisives supérieures jusqu'à ce qu'elles soient très aiguës; quelques-unes sont agrémentées du pélélé, cet affreux ornement de la lèvre décrit par Livingstone. Elles sont très avides de tout ce qui peut contribuer à leur parure. La verroterie, les anneaux en cuivre, les boucles d'oreilles, sont très à la mode parmi ces dames; et il n'est pas rare de rencontrer la femme de quelque grand personnage dont les jambes, depuis la cheville jusqu'au genou, soient entourées d'un nombre considérable d'anneaux de laiton. Jusqu'au jour où les enfants peuvent marcher, ils sont portés sur la partie postérieure très proéminente de leur mère. Ils sont fixés à elle par une bande d'étoffe qui les entoure tous les deux et la négresse peut alors, sans s'occuper de son enfant, travailler la terre, piler le grain, soulever des fardeaux et même se livrer à ses ébats chorégraphiques dans une partie de katecké.

Hommes et femmes fument le tabac du pays dans des pipes en terre ou roulé en cigarette dans un morceau de feuille de bananier. Dans ce dernier cas, le côté allumé est introduit dans la bouche, et l'opération se fait en soufflant et en aspirant alternativement par ce genre de cigare. Quelques nègres fument aussi le chanvre dans une espèce de narghilé fait avec une corne de buffle et un tuyau de bambou.

Les hommes partagent en partie la coquetterie des femmes. Outre les plumes d'oiseau ou les médecines du sorcier, dont ils se parent souvent la tête, ils ne dédaignent pas de porter un bracelet ou un collier de perles, et surtout les anneaux en cuivre à la cheville. Ils sont vêtus du pagne, simple mouchoir ou morceau de cotonnade qui leur entoure les reins. Lorsque ce produit européen leur fait défaut, ils emploient pour cet usage l'écorce souple d'un certain arbre ou la dépouille d'un animal; à la rigueur, ils vont tout nus.

MŒURS. — RELIGION. — La danse et la musique tiennent une grande place dans leur vie; tous les prétextes leur sont bons pour s'y livrer avec frénésie, et c'est toujours par elles qu'ils traduisent leur tristesse, aussi bien que leur joie.

Le sentiment musical paraît être assez développé chez eux. Les airs sont souvent monotones, car la même phrase s'y répète sans cesse; quelques-uns, cependant, offrent un certain charme par leur cadence strictement observée et l'accord souvent parfait qu'ils exécutent avec la voix ou leurs instruments.

Ces derniers sont tout à fait primitifs.

Le marimba consiste en huit ou dix touches en bois, placées chacune au-dessus d'une calebasse de grosseur différente. Le noir frappe ces touches de ses deux mains avec une boule de caoutchouc fixée à l'extrémité d'une baguette.

La sansa est une réunion de douze petites tiges en fer, fixées horizontalement sur une petite boîte de bois carrée. L'indigène tient cette boîte de ses deux mains et en fait vibrer les tiges avec les pouces.

La flûte de Pan est composée avec des roseaux de longueur différente, accolés les uns aux autres à l'aide de la cire jaune et liés ensuite avec un fil de sansevière. Elle ne renferme que la gamme naturelle.

Ils ont aussi un violon à une corde fait avec une noix de coco ou une calebasse, et l'inévitable batouk, tambour creusé dans un tronc d'arbre, fermé d'un côté par une peau, sur laquelle ils tapent à tour de bras et percé d'un petit trou seulement à la partie inférieure. Lorsqu'ils n'ont pas d'instrument, ils marquent la mesure en frappant leurs mains l'une contre l'autre.

Les jours de mariage ou d'enterrement, tous ces instruments sont mis en réquisition, avec accompagnement de danses et de chants interminables.

Le noir du Zambèze peut avoir une ou plusieurs femmes, selon sa fortune. Quand un jeune homme désire prendre femme, il désigne au grand de son village la jeune négresse qui lui a plu et lui confie le soin de mener à bonne fin la négociation. Celui-ci entre en pourparlers avec le père de la future ou le chef de la famille, et ce n'est qu'après un avis favorable qu'on demande ensuite l'assentiment de la mère et celui de la jeune fille. Si le consentement est donné, le grand du village passe un anneau au doigt de la fiancée et en reçoit un autre en échange. De là il se rend dans la famille du futur, fait part au père et à la mère des démarches déjà faites, et leur demande la permission de continuer ces négociations. Si ceux-ci ne font pas d'objections, la jeune fille en est prévenue par une écuelle en bois sculpté contenant quelques rangs de perles, que lui envoie son fiancé, ce qui signifie qu'elle recevra un bon accueil dans sa nouvelle famille. Alors ses parents préparent, quelques jours après, les mets destinés au festin des fiançailles, et se rendent dans la famille du futur, où, pendant trois jours, le pombé coule à flots. Durant ces trois jours, les futurs époux habitent la case de la jeune fille; l'homme y commande en maître et tâche de prouver qu'il est capable de diriger une maison. Les parents rentrent ensuite chacun chez eux, ainsi que les fiancés, après toutefois avoir fixé une époque peu éloignée pour la célébration du mariage.

Au jour fixé, les futurs se couvrent la tête d'huile et de graisse, les parents et les amis se réunissent, et un batouk formidable réjouit tout le village. Les jeunes mariés passent quelques jours dans la demeure des parents de la femme, puis s'en séparent pour aller bâtir une demeure séparée et fonder une nouvelle famille. Le nègre apporte en dot ses instruments de pêche, ses armes de guerre et de chasse et quelques têtes de bétail; la femme enrichit le ménage de plusieurs calebasses, panelles, fumbas (nattes pour dormir), oreillers en bois sculpté, ainsi que du mortier et du moulin à farine.

Les formalités ci-dessus n'ont lieu que pour la première femme ; si le nègre est assez riche pour en avoir plusieurs, il traite l'affaire de gré à gré avec les parents et, une fois le prix convenu, la nouvelle épouse va rejoindre les autres dans la case du mari, mais elle devra toujours obéissance à la première.

Quand un grand personnage est mort, ses femmes et ses proches parents se réunissent autour de la case et poussent pendant toute la nuit des cris et des lamentations. Les hommes tirent de nombreux coups de fusil ou frappent sur le batouk, jusqu'à ce qu'ils soient épuisés de fatigue. Le lendemain, après le convoi, les vases et les ustensiles que renfermait la maison sont brisés et des panelles pleines d'eau sont portées près de la tombe du défunt. Les parents se font souvent raser la tête en signe de deuil et l'entourent d'une liane ou d'une étroite bande de coton.

Leur religion est le fétichisme. Leurs dieux font partie des trois règnes de la nature. Des insectes, des végétaux, des montagnes sont l'objet de leur culte. Ils ont des sorciers à la fois prêtres et médecins en qui ils ont une grande confiance et qu'ils vont consulter dans les circonstances critiques de leur vie.

Ce charlatan leur vend toutes sortes d'amulettes, et comme, du reste, dans beaucoup de nations civilisées, il vit grassement aux dépens de ses fidèles.

Sur les rives du Moatis, une femme a la spécialité de détourner les lions de l'endroit qu'elle protège. Cette femme-lion, revêtue d'une grande robe et tenant dans sa main un long roseau en guise de sceptre, vient pérorer souvent sous un magnifique mangnier, près du village de Palira.

Là, à l'ombre de l'arbre Tabou (sacré), elle persuade aux habitants que c'est grâce à sa protection que les lions n'ont pas exercé de plus grands ravages, et que le seul moyen de les éloigner encore est de lui apporter beaucoup de farine, de nombreux fruits, etc., et les indigènes reconnaissants s'empressent de déposer à ses pieds le tribut demandé. Cela n'empêche pas que, quelquefois le jour même ou le lendemain, ainsi que nous avons pu nous en convaincre, une femme est enlevée par un lion en plein jour et au beau milieu du village.

Ils ont soin d'entourer le tronc de quelques arbres fruitiers, le manguier surtout, d'une étroite bande de coton; sans cette précaution, l'arbre serait complètement stérile; quelque mauvais esprit lui jetterait un sort.

Quand, sur le fleuve, il se trouve un passage difficile à franchir, les nègres, qui d'ordinaire sont si bruyants, deviennent tout à coup graves et recueillis; ils ne font pas le moindre bruit et parlent très bas. Si un Européen se trouve avec eux, ils le prient de se découvrir et d'offrir un sagouati (cadeau) à la divinité du lieu, c'est-à-dire de répandre dans le fleuve un peu de farine ou un verre d'eau-de-vie; sans cela, le Dieu courroucé les engloutirait infailliblement dans les flots. Ils ont encore une foule d'autres pratiques ridicules qui prouvent le degré d'ignorance et de superstition où se trouvent encore ces diverses peuplades. Je ne puis les citer toutes ici.

Pris isolément, ces naturels ne sont pas trop voleurs ; les mouleks, domestiques particuliers, font bien disparaître quelques mouchoirs ou quelques perles ; en général, c'est de peu d'importance. Ils ne touchent pas à l'argent ni aux bijoux. Mais, si l'on voyage avec des marchandises un peu importantes, il est certains endroits où l'on doit prendre des précautions. Ce n'est plus alors un simple noir inoffensif, mais toute une bande de pillards ordinairement commandée par un chef, qui, si vous êtes sans défense, vous enlève tout le convoi. Cependant, ils sont, en général, d'un naturel assez doux. Partout où nous sommes passés, il nous ont toujours montré beaucoup de déférence ; en traversant les villages, les jeunes filles venaient sur le chemin nous complimenter en chantant et en frappant dans leurs mains ; les jeunes hommes, remplaçant bénévolement nos machilaires, nous enlevaient et partaient avec rapidité, aux cris joyeux de toute la bande.

INDUSTRIE. — COMMERCE. — TRAVAIL. — Quelques-uns d'entre eux ont des armes à feu, mais ce sont d'anciens fusils à pierre dont ils se servent assez maladroitement à la chasse ou la guerre. Ils ne savent pas viser et n'observent aucune règle dans le chargement. Tantôt ils mettent beaucoup de poudre et un petit projectile ; d'autres fois, au contraire, la charge est trop faible et deux ou trois balles sont introduites dans la canon ; aussi ils sont très souvent victimes de leur ignorance. Cela ne les empêche pas d'avoir une très grande confiance dans ces armes, et un noir porteur d'un fusil pareil ira volontiers au devant d'un danger, quoiqu'il n'ait ni poudre ni balle pour pouvoir en faire usage.

Leurs armes de guerre indigènes sont l'arc et les flèches ; cellesci sont quelquefois empoisonnées ; la sagaye, le couteau-poignard et des haches aux formes les plus bizarres. Certaines peuplades, les Landines entre autres (Cafres-Zoulous), portent le bouclier en peau de buffle et sur la tête une coiffure faite avec les plumes de tous les volatiles du pays. Le fer de leurs armes est souvent d'origine européenne ; d'autres fois, ils emploient le fer du pays, qui s'y trouve en abondance à l'état de fer magnétique ou de carbonate de fer. Ils le forgent eux-mêmes, et, dans cette opération, le soufflet est remplacé par deux vessies qu'ils tiennent une dans chaque main et qui sont mises en communication avec le foyer par un tuyau commun.

Le bois de ces armes est quelquefois ornementé des rudes crins de l'éléphant ou de minces fils de laiton habilement tressés. Ils tréfilent l'or, l'argent, le laiton et font avec ces métaux des bagues, des chaînes, des boucles d'oreilles parfaitement conditionnées.

L'usage de la monnaie n'est pas connu dans l'intérieur. Les achats et les ventes se font par voie d'échange des produits naturels du pays, ou de ces derniers contre des articles européens. Le Gouvernement portugais a établi un impôt sur chaque famille indigène. Pour le percevoir plus facilement, il a divisé tout le territoire de sa colonie en portions de terrains plus ou moins étendues, appelées *prazos*, lesquelles sont louées par adjudication. Les nègres sont alors redevables de l'impôt au locataire de leur prazo, et ne pouvant le solder en espèces, ils lui en paient la valeur en nature avec le sorgho ou l'arachide. De plus il sont tenus de lui donner un certain nombre de journées de travail, payées d'après le tarif fixé par le Gouvernement. c'est-à-dire, deux brasses de cotonnade par semaine et la nourriture. Celle-ci consiste tout simplement en une tasse à thé pleine de riz ou de farine de sorgho.

La mesure de capacité pour ces céréales est la pange. Elle varie beaucoup, selon les locataires de prazos et surtout selon 'qu'il s'agit de donner ou de recevoir. A Quelimane les factoreries considèrent la pange comme devant contenir 15 kilogrammes d'arachides décortiquées. Ces maisons ne traitent pas directement avec les noirs ; elles achètent en gros aux locataires des prazos et payent la pange d'arachides décortiquées 500 réis environ, soit 2 fr. 80 c. ; le sésame, 200 réis ; le copra (pulpe du coco), 600 réis, etc.

Ce sont les femmes indigènes qui s'occupent de la culture, de la récolte et du travail d'intérieur. Pour décortiquer le grain, elles le placent dans un grand mortier en bois creusé dans un tronc d'arbre, et avec un gros bâton de bois dur elles le pilent jusqu'à ce que son enveloppe se détache facilement. Elles procèdent ensuite au vannage, et pour le réduire en farine elles l'écrasent entre deux pierres de granit ou de quartz. Elles préparent aussi la nourriture et brassent la bière destinée au ménage. Les hommes occupent leurs loisirs à la chasse ou à la pêche, le plus souvent à dormir. Ils exécutent cependant les travaux que prescrit le chef du village ou le locataire du prazo, et lorsque des Européens viennent dans le pays ils s'engagent pour un temps déterminé comme mariniers, porte-faix ou machilaires. La machile consiste en une sorte de nacelle suspendue à un long bambou et destinée au transport des Européens.

A Quelimane et sur le littoral on peut tout acheter avec de l'argent; mais il n'en est pas de même dans l'intérieur. La cotonnade, les mouchoirs et la verroterie font l'office de monnaie et l'on ne pourrait entreprendre un voyage sans ces objets indispensables.

La cotonnade employée ordinairement vient d'Angleterre ou de Bombay. Il y a la pièce large et la pièce étroite; celle-ci revient à 40 ou 50 centimes la brasse, c'est-à-dire 1^m,80 à peu près.

Les mouchoirs à carreaux ou à rayures de couleurs vives, jaune ou rouge, sont aussi de fabrication indienne; quelques-uns viennent d'Europe.

La verroterie ou perle de Venise commence à diminuer de valeur; on ne l'emploie guère que comme cadeau ou pour de petits achats. L'eau-de-vie peut tout aussi bien remplir ce dernier but.

A Tété on pouvait acheter six poulets pour une brasse de coton étroit et un mouton pour 3 ou 4 brasses. Pour un porc il en fallait 14 ou 16. Une pange d'arachides valait une brasse, la farine de sorgho en valait deux. Les domestiques étaient payés à raison de deux brasses par semaine et la nourriture.

Pour notre voyage de Quelimane à Tété, voici ce que nous ont coûté les mariniers : de Quelimane à Maupea, 3 roupies (6 fr. 75 c.) par canot et la nourriture. Chaque canot porte ordinairement six rameurs, un patron au gouvernail et à l'avant un mucadam, sorte de pilote muni d'une longue perche.

Pour opérer le transbordement de Maupea à Moutacataca, une

demi-brasse par charge, et pour remonter ensuite le fleuve jusqu'à Tété, chaque marinier a reçu 10 brasses de coton large, les patrons et les mucadams 12 brasses; la nourriture toujours en sus. Pour le retour de Tété à Moutacataca, il n'a été payé que 8 brasses par homme.

A mesure qu'on se rapproche de Quelimane, les salaires deviennent plus élevés et sont payés en espèces. Ainsi, les domestiques nourris reçoivent une roupie par semaine; les ouvriers charpentiers, maçons, etc., 2 roupies, et les machilaires pris à la journée 200 réis. Les denrées ont aussi plus de valeur.

PATHOLOGIE

MALADIES DES EUROPÉENS

Durant le cours de notre expédition, la santé générale a été relativement bonne ; à part quelques indispositions passagères, inhérentes au changement de climat et à l'infection palustre dont nous avons tous été atteints, il n'est survenu aucune maladie grave ni aucun accident sérieux. Mais nous n'avons pu éviter la fièvre paludéenne, qui est endémique dans toute cette contrée, surtout au delta formé par les bouches du fleuve.

Dès notre départ de Quelimane, nous en avons ressenti les premières atteintes, et, bien avant son arrivée à Tété, l'expédition tout entière avait déjà payé un ou plusieurs tributs à cette terrible maladie, sous forme d'accès plus ou moins violents. Il est probable que les germes en ont été contractés sur la rivière même de Quelimane, peut-être aussi pendant les quelques jours d'arrêt forcé que l'on a dû subir à Maupéa ou à Senna. Comme je l'ai déjà dit, au-dessus de cette dernière station, le sol plus élevé et moins humide paraît réunir de meilleures conditions de salubrité. J'ai même remarqué que les accès de fièvre étaient moins fréquents, plus courts et d'un caractère plus bénin que ceux que nous avions eus sur le parcours du bas fleuve.

FIÈVRE PALUDÉENNE SIMPLE. — Généralement, ces accès débutaient par du malaise, de la lassitude, des bâillements nombreux et quelquefois des nausées. Puis arrivaient le froid et un frisson plus ou moins fort ; si la digestion n'était pas achevée, il survenait des vomissements, en même temps que des douleurs musculaires et de la céphalalgie. Cette période durait plus ou moins; en général, elle ne dépassait pas deux heures. Au frisson succédait le stade de chaleur, de pâle qu'elle était, la peau devenait rouge, surtout à la face ; la céphalalgie augmentait, le pouls prenait une activité et une dureté exagérées ; l'oppression était grande, et cette période, en général plus longue que la première, durait jusqu'à ce qu'enfin, la détente se produisant, la sueur commençait à perler au front, au cou, et gagnait le tronc et les jambes ; alors, la chaleur diminuait, la respiration et la circulation reprenaient leur fréquence habituelle. En ce moment, le malade éprouvait le besoin de dormir et, au réveil, il se sentait faible, mais dans un état de bien-être.

Comme on le voit, la marche et les symptômes de ces accès indiquent une fièvre paludéenne simple. Quelquefois, tous ces caractères n'étaient pas parfaitement distincts ; suivant le malade ou toute autre cause, l'un d'eux pouvait prédominer ou ne pas exister du tout. La durée de l'accès pouvait aussi être variable; mais ces modifications peu importantes ne pouvaient changer le diagnostic. Si, après un accès de ce genre, le traitement ne venait modifier la marche de la maladie, le lendemain ou le surlendemain, un second apparaissait plus long et plus intense. Aussi, dès la fin du premier accès, le sulfate de quinine était administré au malade à la dose de 1 gramme ou 1 gr. 50 c., suivant l'intensité de la fièvre ; quelquefois, un vomitif ou un purgatif précédait le spécifique, lorsque l'accès se compliquait d'embarras gastrique ou prenait un caractère bilieux. Après ce traitement, l'accès du lendemain était bien moins fort et le plus souvent même il n'avait pas lieu.

Sachant que, lorsqu'on a essuyé une première attaque de fièvre, on doit s'attendre à une récidive, je conseillais toujours de suivre dans l'intervalle un traitement préventif, basé sur l'époque probable du retour de la fièvre. Le vin de quinquina, le sulfate de quinine à dose modérée et l'observance sévère des règles de l'hygiène me paraissent devoir remplir ce but. Mais, soit par insouciance naturelle, soit par l'espoir de bénéficier d'une immunité durable, on ne suivait pas ces préceptes et une nouvelle série d'accès ne tardait pas à reparaître, aggravant chaque fois l'état du malade et le conduisant à grands pas vers la cachexie.

CACHEXIE PALUDÉENNE. — La cachexie paludéenne, cortège ordinaire des attaques répétées et anciennes de la fièvre, est un état anémique grave, s'accompagnant de troubles de la circulation et des fonctions digestives, d'hydropisie générale et quelquefois d'hémorragies qui ne font que hâter la fin du malade. Dès le début, il est permis de tenter et d'espérer une guérison sur place par un traitement hygiénique et thérapeutique bien dirigé, mais si l'on constate l'insuccès du traitement, si les hydropisies se localisent et font des progrès, il ne faut plus compter sur la possibilité d'une terminaison heureuse, et le malade doit être rapatrié ou du moins envoyé sur les hauteurs volcaniques.

Les Européens qui habitent au Zambèze ne sont pas tous fébricitants ; quelques-uns n'ont pas subi les atteintes de la fièvre et ont, sans doute, contre le miasme une force de réaction supérieure à son activité morbide. D'autres ont eu des accès durant la première ou la seconde année de séjour dans le pays, et depuis, par une sorte d'acclimatement, ne paraissent plus être inquiétés. Mais il en est un grand nombre qui paient un tribut régulier et périodique à la maladie. Ceux-ci, plus ou moins cachectiques, devront forcément recourir à l'émigration dans des climats ou des localités non palustres.

FIÈVRE PERNICIEUSE. — Les diverses formes pernicieuses de la fièvre paludéenne sont assez rares dans la vallée du Zambèze. Je n'en ai pas vu un seul cas durant le cours de notre expédition.

MALADIES DIVERSES. — Parmi les autres maladies des Européens endémiques du pays qui nous occupe, je citerai la dysenterie, avec sa forme légère la diarrhée, qui est beaucoup plus fréquente que sa forme grave ou hémorragique.

Je n'ai constaté cette dernière forme que parmi les nègres. Néanmoins, les Européens devront l'envisager toujours comme une menace. Ici encore, les préceptes prophylactiques et hygiéniques devront être observés rigoureusement, et si l'on est atteint de simple diarrhée, on doit s'en inquiéter et la soigner comme s'il s'agissait d'une maladie très sérieuse.

Les coliques offrent peu de gravité, et la fièvre jaune épidémique ne se montre pas au Zambèze.

Quant aux maladies diverses, autres que les endémies, attaquant les Européens, elles sont peu fréquentes ; on voit peu de phtisies et peu de phlegmasies aiguës des bronches et du tissu pulmonaire. D'après un médecin portugais, quelques cas de fièvre typhoïde et de phlegmasie aiguë du cerveau et de ses enveloppes se montrent de temps en temps. Les insolations y sont assez fréquentes, mais elles n'offrent pas la même gravité que sous les tropiques de l'autre hémisphère.

MALADIES DES INDIGÈNES

Les maladies des indigènes diffèrent notablement de celles des Européens. Les bronchites et les maladies pulmonaires sont communes, excepté cependant la phtisie, qu'on voit peu chez les nègres. La dysenterie et les affections gastriques, développées le plus souvent par défaut d'hygiène, par l'abus alcoolique ou l'absorption d'aliments salés ou putréfiés, sont des causes fréquentes de mort parmi eux ; et les épidémies de variole déciment aussi trop souvent ces malheureuses populations. Pendant notre séjour à Tété, une épidémie de ce genre a fait de nombreuses victimes ; un de nos serviteurs a été atteint, mais il n'y a pas perdu la vie. Vers la même époque, notre cuisinier est mort de la dysenterie.

La syphilis est surtout fréquente chez les nègres du bas Zambèze ; mais dans l'intérieur et chez les tribus peu ou pas visitées par les blancs, cette maladie n'existe pas.

Les ophtalmies graves sont rares.

J'ai pu constater deux cas de folie bien caractérisés : l'un de mélancolie, l'autre de délire alcoolique.

Comme parasites, j'ai vu plusieurs cas de ténia et de bothriocéphale, et quelques accidents produits par la puce-chique, qu'on n'avait pu extirper assez promptement.

Enfin, je citerai l'éléphantiasis des Arabes, sous diverses formes, et un ulcère phagédénique très fréquent, le plus souvent aux membres inférieurs. Celui-ci débute ordinairement par une écorchure ou une plaie légère qui s'envenime, donne issue à un pus sanieux, et gagne en étendue et en profondeur. Quelquefois une amélioration se produit et une cicatrice difforme en est le résultat ; mais, dans d'autres cas, la suppuration s'éternise, ou bien la gangrène envahit les parties profondes, et le malade finit par succomber. Les soins hygiéniques et les désinfectants sont le traitement rationnel de cette affection. La glycérine phéniquée m'a donné de très bons résultats.

En résumé, le pays arrosé par le bas Zambèze, quoique devant être classé parmi les régions insalubres, puisque la fièvre paludéenne y est endémique, ne doit pas être placé cependant sur la même ligne que quelques-unes de nos colonies (Sénégal, Cochinchine, etc.), où se trouvent réunies la plupart des endémies graves des pays chauds.

Ici, pas de ces fièvres pernicieuses qui vous enlèvent dans quelques heures, pas de fièvre jaune, peu ou pas de dysenteries hémorrhagiques ; le seul ennemi de l'Européen est la fièvre intermittente, ennemi dangereux, j'en conviens, mais contre lequel on a le temps de se prémunir.

Quoique l'aclimatement absolu à cette fièvre ne soit pas possible pour tous les individus, une certaine tolérance où une immunité naturelle se rencontrent souvent chez des Européens qui parviennent à se créoliser. Mais, même pour ces derniers, l'hygiène est l'arsenal où l'on trouve les armes nécessaires pour cette lutte, et je crois devoir en tracer ici les règles principales que l'expérience indique comme les meilleurs moyens d'adaptation au climat et de préservation contre les maladies.

HYGIÈNE

ARRIVÉE. — L'Européen qui émigre dans une contrée située sous les tropiques doit régler son départ d'Europe de façon à arriver après l'hivernage. Cette saison, en effet, est partout l'époque des sensations les plus pénibles et les plus éloignées des habitudes des Européens, et aussi celle des recrudescences endémiques. Au Zambèze, l'hivernage correspond aux mois de décembre, janvier, février et mars ; c'est le moment des fortes chaleurs et aussi celui des pluies torrentielles. Mai ou juin sont donc les mois qui devront être pré-férés pour l'arrivée dans cette partie du continent africain.

HABITATION. — Le premier de tous les soins sera le choix d'une habitation. Celle-ci, autant que possible, devra être placée sur une hauteur ; mais, comme les nécessités du commerce ou du travail ne permettent pas toujours cette position, l'émigrant devra néan-moins rechercher l'endroit le plus sain de la plaine, fuir les cours d'eau, les baies, les rades, l'exposition au soleil couchant et aux vents qui passent sur des terrains marécageux. L'exposition des maisons au nord ou à l'est, leur élévation au-dessus du sol offrent de bonnes conditions de salubrité. On pourra encore les construire avec ces larges galeries extérieures qui préservent les appartements de l'action directe du soleil et de l'humidité des pluies et les aérer au moyen de larges ouvertures munies de persiennes. Le jour, on doit y éviter les courants d'air vif ; à plus forte raison la nuit, pendant le sommeil ; les lits doivent donc être placés en conséquence et l'air ne doit pénétrer dans la chambre que par des ouvertures élevées.

VÊTEMENTS. — Les surfaces cutanées étant, dans les pays chauds, le siège d'une vive excitation, il est important de les isoler le plus possible des vicissitudes atmosphériques. Ce but doit être atteint, sans cependant se couvrir outre mesure. Un caleçon de flanelle et un gilet avec manches de même étoffe s'adaptant bien à la surface du tronc et descendant jusqu'au bas du ventre et des reins, peuvent remplir cette indication. La flanelle causant des démangeaisons insupportables aux personnes qui n'y sont pas habituées, on peut la remplacer par ces tissus élastiques et légers de coton tricot qui sont tout aussi isolants.

Par là-dessus, le vêtement extérieur peut être très léger dans la saison chaude, mais de drap pendant la saison fraîche ou la nuit. Comme coiffures, le chapeau de paille à larges bords et le casque en liège ou en moelle sont celles qui conviennent le mieux.

ALIMENTS. — Le tube digestif est, avec les poumons, l'appareil le plus influencé par le mouvement centrifuge des liquides organiques, mouvement produit par les différences météorologiques du climat. Il faut tenir compte de cette imminence morbide dans l'alimentation et proportionner la qualité et la quantité des aliments aux forces digestives modifiées.

Dans ces climats chauds, à défaut d'autres distractions, on se trouve naturellement porté à prolonger les repas outre mesure. Ceux-ci sont copieux et l'art culinaire y emploie tout ce qui peut exciter le goût au détriment de la digestion. Or, cette dernière fonction doit être attentivement surveillée ; les excès de table sont certainement ce que l'Européen, nouvellement débarqué, doit le plus éviter, et la régularité du régime est le seul moyen à l'aide duquel son estomac peut passer sans accident par les modifications qu'il doit subir.

BOISSONS. — La boisson des repas doit être le vin coupé ; pur il est nuisible. Le café à l'eau, pris le matin à jeun, est d'une bonne hygiène ; quant au rhum, si une petite quantité prise après le café du matin ou le repas du soir ne dépasse pas l'excitation hygiénique, son abus a des conséquences si funestes dans les pays insalubres, et on s'y laisse aller si souvent par habitude, qu'il vaut mieux ne pas l'employer.

Il sera bon de boire le moins possible entre les repas ; cependant la chaleur fatigante provoquée par un exercice quelconque permet de recourir, soit aux limonades, soit à la bière, et mieux au madère étendu d'eau.

L'eau pure ne doit pas être prise en trop grande quantité ; elle doit être filtrée, et dans ce cas l'eau de rivière est préférable à l'eau de pluie.

BAINS. — Les soins de propreté doivent être mis au premier rang parmi les règles générales de l'hygiène. La peau, appelée à accomplir des fonctions actives, doit être maintenue dans un état permanent de souplesse et de netteté. Les bains, d'ailleurs, procurent une sensation de bien-être que chacun recherche dans ces climats.

Mais, si l'usage de l'hydrothérapie est, en général, un moyen efficace contre les impressions trop vives du climat, il ne doit pas être, cependant, laissé à l'arbitraire et doit être réglé selon l'aptitude et le tempérament de chaque individu. La pratique habituelle du bain froid, dès les premiers jours de l'arrivée, ne serait pas prudente pour tout le monde. D'autre part, le bain chaud doit être banni complètement. C'est donc en diminuant progressivement la température d'un bain dégourdi jusqu'à ce qu'on arrive à le prendre froid ; en fixant la durée de ces bains à cinq ou dix minutes ; en les prenant de 9 à 11 heures, le matin dans la saison chaude, et de 4 à 6 heures du soir pendant la saison froide, qu'on obtiendra, dans cette contrée, les résultats les plus efficaces de l'hydrothérapie.

Si l'on est à proximité de la mer, on peut, à défaut d'eau douce, substituer le bain de mer. On peut aussi installer partout assez facilement la douche de toilette. Dans tous les cas, on ne doit pas oublier que le contact trop prolongé de l'eau froide constitue un grand danger dans les pays chauds, à cause de son action dépressive.

PRÉCAUTIONS. — Ordinairement, les Européens qui vont dans ces contrées ont tous une occupation régulière et une vie fort active. Leur commerce ou leur industrie les force souvent à sortir à toute heure de la journée, quelquefois au moment de la plus forte chaleur.

Dans ces conditions, les insolations sont fort à redouter, et si l'on est obligé de sortir de 11 heures à 3 heures, on doit chercher à atténuer l'action directe des rayons solaires en s'abritant d'un parasol ou tout au moins d'un chapeau à larges bords ; mais on devra éviter, autant possible, pendant la chaleur du jour, les longues marches ou les travaux fatigants, qui développent les grandes transpirations. Si une cause quelconque amène ce résultat, on évitera soigneusement les courants d'air et on changera de linge immédiatement. Le refroidissement par suppression de transpiration et une des causes accidentelles les plus redoutables des maladies des pays chauds.

Des précautions semblables devront être prises pour les pluies abondantes qui surviennent au milieu d'une course ou d'un voyage.

Tels sont, en résumé, les principaux moyens préventifs tirés de l'hygiène, qui, appliqués avec intelligence, pourront détourner les atteintes des maladies endémiques, et permettre aux Européens l'acclimatement aux forces météorologiques d'un pays qui leur est étranger.

Pression Atmosphérique!

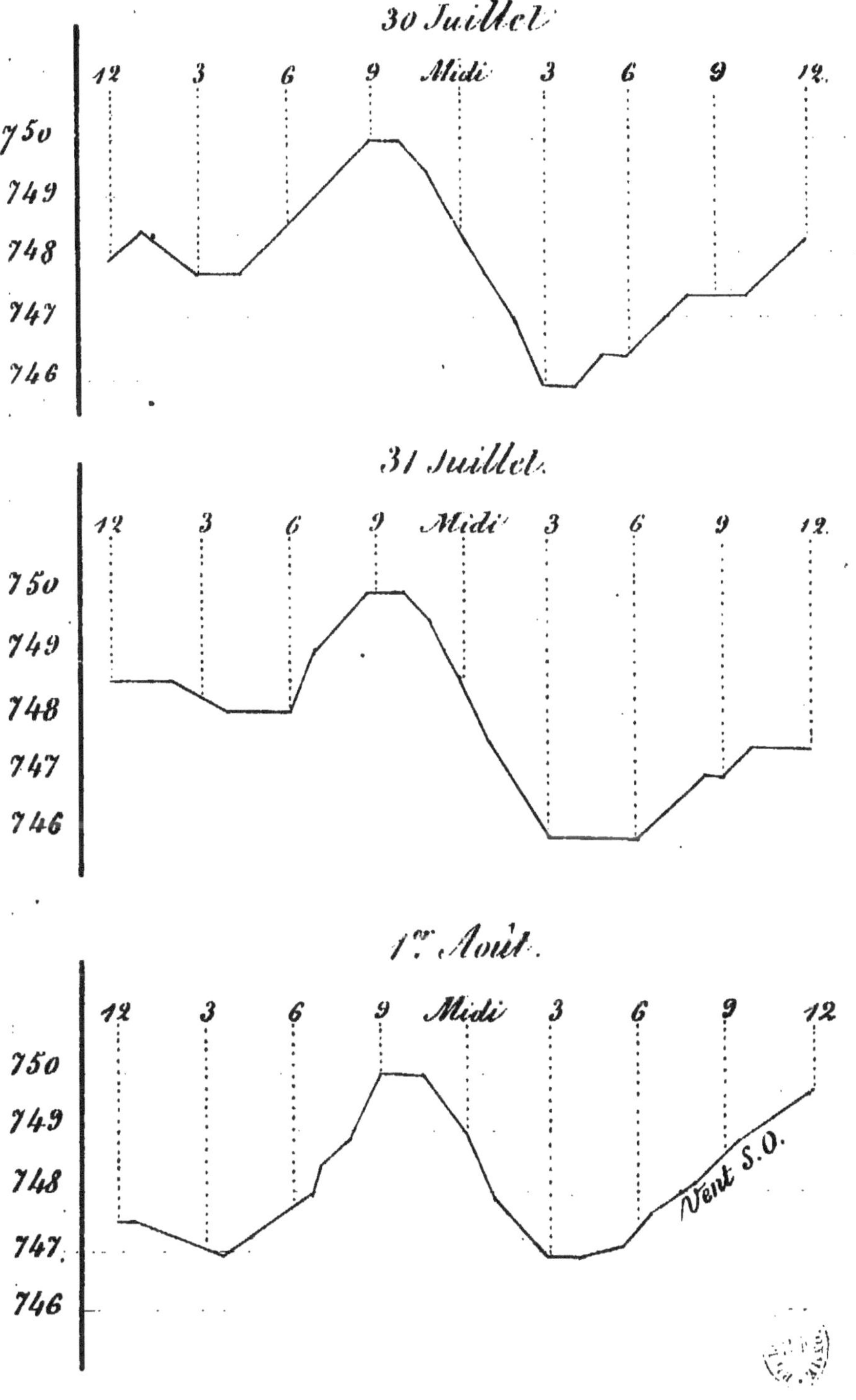

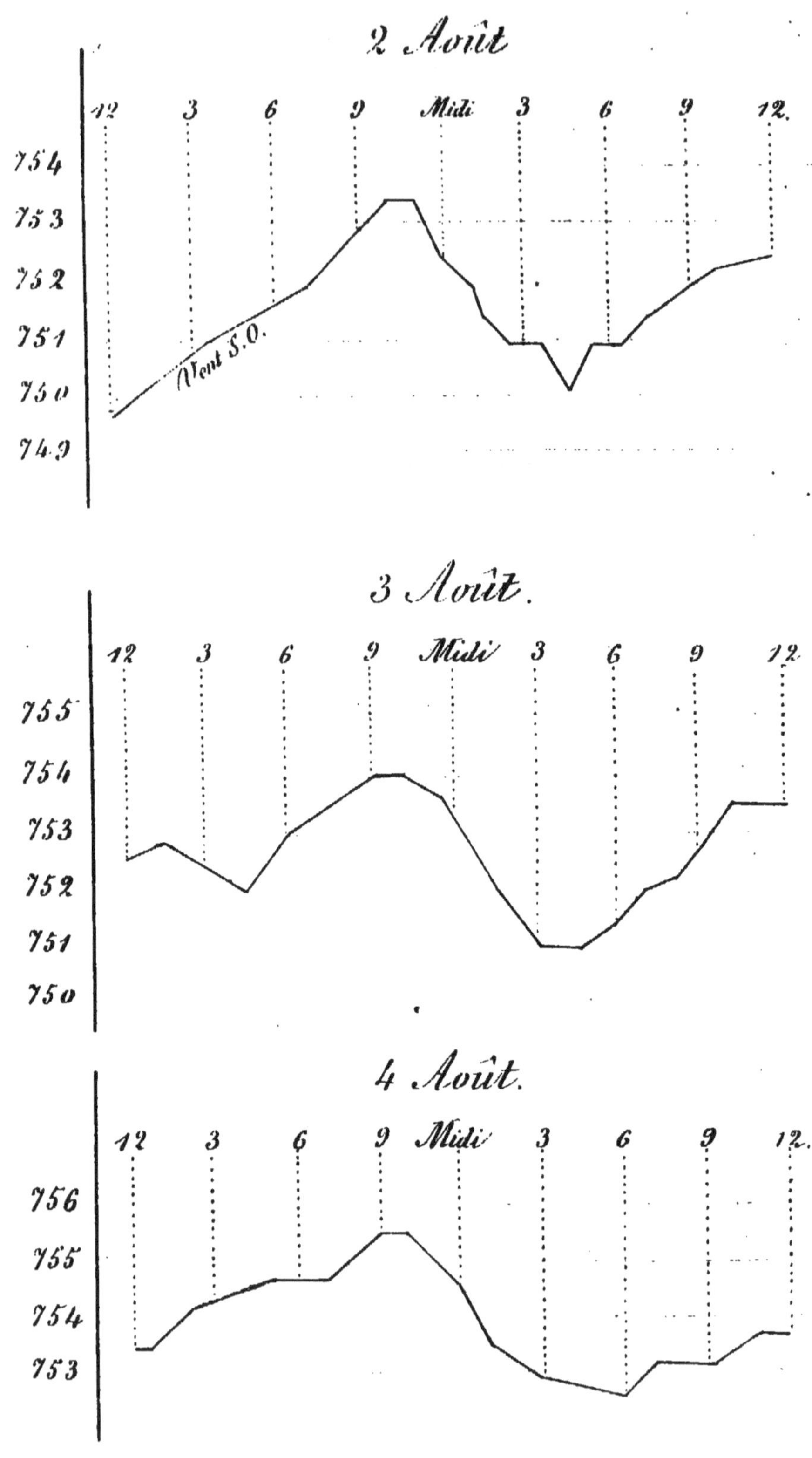

2 Août
12 3 6 9 Midi 3 6 9 12.
754
753
752
751
750
749
Vent S.O.

3 Août.
12 3 6 9 Midi 3 6 9 12.
755
754
753
752
751
750

4 Août.
12 3 6 9 Midi 3 6 9 12.
756
755
754
753

PRESSION ATMOSPHÉRIQUE

DATES	Minuit	3 HEURES	6 HEURES	9 HEURES	Midi	3 HEURES	6 HEURES	9 HEURES	VENTS
30 Juillet	748.0	747.8	748.5	750.0	748.5	746.0	746.5	747.5	
31 —	748.5	748.3	748.0	750.0	748.5	746.0	746.0	747.0	
1er Août	747.5	747.0	748.0	750.0	749.0	747.0	747 3	748.7	Vent S. O.
2 —	749.7	750.7	751.7	753.0	752.5	751.0	751.0	752.0	—
3 —	752.5	752.3	753.0	754.0	753.5	751 0	751.5	752.7	—
4 —	753.5	754.3	754.6	755.5	754.5	753.0	752.6	753.3	—

TEMPÉRATURES

MOIS D'AVRIL 1881

DEGRÉS CENTIGRADES

		Max.	Min.	Moyennes.
1				
2				
3				
4				
5				
6				
7				
8				
9				
10				
11				
12				
13	Arrivée à Quelimane.			
14				
15	Quelimane.............................	27	24.5	
16	—	27	23.5	
17	—	26.5	24	
18	—	26.5	24	
19	—	26.5	23.7	
20	—	27.7	23.7	
21	—	27	24	2ᵉ QUINZAINE
22	—	26.5	24 2	
23	—	25	21.5	26.545 Max.
24	—	25	24	22.785 Min.
25	—	25	24	
26	—	25	24	
27	Départ de Quelimane. — Inhassungé	26	23	
28	Rivière de Quelimane. — Chimbazo	27	24	
29	— Nhaudoa	29	22	
30	— Interré	28	24.5	

MAI

		DEGRÉS CENTIGRADES		
		Max.	Min.	Moyennes.
1	Rivière de Quelimane. — Mugurumba . . .	31	15	
2	— Candide	33	16.5	
3	Rivière Couacoua. — Mariangona	32.5	18	
4	-- Nhamitoupi	30.5	17	
5	— Mondama	30	19.5	
6	— Maupea	29	18	1ʳᵉ QUINZAINE
7	-- —	28	19	—
8	— —	29	21	
9	--- —	32.5	26	29.966 Max.
10	— —	29	24	20.100 Min.
11	. Moutacataca	30.5	25	
12	— —	30	23	
13	-- —	29	21.5	
14	— --	27.5	20	
15	Zambèze. — Cocorico	28	18	
16	— Chamouara	27	15	
17	—	28	16	
18	—	30	15	
19	. . Embouchure du Chiré	33	16	
20	-- Moussovo	27.5	18	
21	-- Près Senna. — Ziou Ziou . .	28	19	
22	— Senna	26	17	
23	—	29	18.5	2ᵉ QUINZAINE
24	— Chemba (Manoël Antonio) . . .	30	17	—
25	— — . .	29.5	16	
26	— -- . .	27	15	29.000 Max.
27	— Guengué (Doña Luisa)	29	13	16.625 Min.
28	— —	30	18	
29	— Ancien Guengué. — Bandar . .	30	19	
30	— Lupata	30	19	
31	— Ile de Mozambique	30	14.5	
	MOYENNES DU MOIS . . .	29.483	18.362	

JUIN

			DEGRÉS CENTIGRADES		
			Max.	Min.	Moyennes.
1	Zambèze....................		28	21	
2	—	—Massangano (Bonga,......	27	18.5	
3	—	— (Doña Maria)...	23	20	
4	—	— vent S.-O.	27	21.5	
5	Arrivée à Têté (Intérieur maison)......		23	21	
6	—	—	22	19	1ʳᵉ QUINZAINE
7	—	—.	23	17	—
8	—	—	23	21	
9	—	—	22	21	23.333 Max.
10	—	—	21	21	20.443 Min.
11	—	— vent S.-O.	22	21.5	
12	—	— id.	21.5	21	
13	—	—	21	21	
14	—	—	22	21	
15	—	—	21.5	21	
16	—	—	22	21.5	
17	—	—	22.5	22	
18	—	—	21	21	
19	—	—	21.5	21	
20	—	—	22	21	
21	—	—	23	22	
22	—	—	23.5	21	2ᵉ QUINZAINE
23	—	—	25	22	—
24	—	—	24	21.5	
25	—	—	25	22	23.566 Max.
26	—	— grand vent S.-O.	27	24	22.433 Min.
27	—	— id.	25	24	
28	—	— id.	25	24	
29	—	— id.	24	23	
30	—	—	23	22	
	MOYENNE DU MOIS.......		23.449	21.283	

JUILLET

			DEGRÉS CENTIGRADES		
			Max.	Min.	Moyennes.
1	Tété (Intérieur maison)	. . . .	24	22.5	
2	—	—	24	23	
3	—	— vent S.-O.	24	23	
4	—	— id.	23	22	
5	—	— id.	23	22	
6	—	— id. . . .	22	21.5	1re QUINZAINE
7	—	— id.	22.5	21	—
8	—	—	23	22	
9	—	—	23	22	23.400 Max.
10	—	—	24	22	21.800 Min.
11	—	—	23.5	21	
12	—	— vent S.-O.	24	21	
13	—	— id.	24	21.5	
14	—	— pluie	24.5	21	
15	—	—	22.5	21.5	
16	—	—	24	22	
17	—	— vent S.O.	25	22	
18	—	— id.	24.5	22.5	
19	—	— id.	23	22	
20	—	— id.	23.5	22	
21	—	—	24	22.5	
22	—	—	25	23	
23	—	—	25.5	22.5	2e QUINZAINE
24	—	—	24	22	—
25	—	— vent S.-O	26	23	25.534 Max.
26	—	— id.	27.5	23.5	20.593 Min.
27	Tété (Fenêtre sud-est)	. . . .	30	17	
28	—	—	27	17	
29	—	— vent S.-O	26.5	16	
30	—	— id.	26	16	
31	—	—	27	16.5	
		MOYENNE DU MOIS	24.465	21.196	

AOUT

<table>
<tr><th></th><th></th><th colspan="3">DEGRÉS CENTIGRADES</th></tr>
<tr><th></th><th></th><th>Max.</th><th>Min.</th><th>Moyennes.</th></tr>
<tr><td>1</td><td>Tèté (Fenêtre sud-est), vent S.-O. . . . . .</td><td>26</td><td>15</td><td></td></tr>
<tr><td>2</td><td>—   —   id. . . . .</td><td>26</td><td>17</td><td></td></tr>
<tr><td>3</td><td>—   —   id. . . . .</td><td>27</td><td>17.5</td><td></td></tr>
<tr><td>4</td><td>—   —   id. . . . .</td><td>30</td><td>17</td><td></td></tr>
<tr><td>5</td><td>—   —   . . . .</td><td>30</td><td>16</td><td></td></tr>
<tr><td>6</td><td>—   —   orage-pluie . . . .</td><td>29</td><td>21</td><td>1re QUINZAINE</td></tr>
<tr><td>7</td><td>—   —   . . . .</td><td>27</td><td>19</td><td>—</td></tr>
<tr><td>8</td><td>—   —   . . . .</td><td>29</td><td>19</td><td></td></tr>
<tr><td>9</td><td>—   —   . . . .</td><td>30.5</td><td>19</td><td>28.633 Max.</td></tr>
<tr><td>10</td><td>—   —   . . . .</td><td>30</td><td>19</td><td>17.933 Min.</td></tr>
<tr><td>11</td><td>—   —   . . . .</td><td>30</td><td>18</td><td></td></tr>
<tr><td>12</td><td>—   —   grand vent S.-O . .</td><td>33</td><td>18.5</td><td></td></tr>
<tr><td>13</td><td>—   —   id. . . . .</td><td>30</td><td>20</td><td></td></tr>
<tr><td>14</td><td>—   —   fraîcheur . . . .</td><td>23</td><td>18</td><td></td></tr>
<tr><td>15</td><td>—   —   . . . .</td><td>29</td><td>15</td><td></td></tr>
<tr><td>16</td><td>—   —   . . . .</td><td>32 5</td><td>14</td><td></td></tr>
<tr><td>17</td><td>—   —   . . . .</td><td>29</td><td>15</td><td></td></tr>
<tr><td>18</td><td>—   —   grand vent S.-O. . .</td><td>25.5</td><td>18</td><td></td></tr>
<tr><td>19</td><td>—   —   id. . . . .</td><td>25.5</td><td>19</td><td></td></tr>
<tr><td>20</td><td>—   —   id. . . . .</td><td>27</td><td>19.5</td><td></td></tr>
<tr><td>21</td><td>—   —   id. . . . .</td><td>29.5</td><td>21</td><td></td></tr>
<tr><td>22</td><td>—   —   . . . .</td><td>32</td><td>19</td><td></td></tr>
<tr><td>23</td><td>—   —   . . . .</td><td>29</td><td>19</td><td>2^e QUINZAINE</td></tr>
<tr><td>24</td><td>—   —   . . . .</td><td>29</td><td>19</td><td>—</td></tr>
<tr><td>25</td><td>—   —   . . . .</td><td>30</td><td>19</td><td></td></tr>
<tr><td>26</td><td>—   —   . . . .</td><td>34</td><td>18.5</td><td>30.812 Max.</td></tr>
<tr><td>27</td><td>—   —   . . . .</td><td>34</td><td>18</td><td>18.187 Min.</td></tr>
<tr><td>28</td><td>—   —   . . . .</td><td>34.5</td><td>18</td><td></td></tr>
<tr><td>29</td><td>—   —   . . . .</td><td>33</td><td>17.5</td><td></td></tr>
<tr><td>30</td><td>—   —   . . . .</td><td>35</td><td>18</td><td></td></tr>
<tr><td>31</td><td>—   —   . . . .</td><td>33.5</td><td>18.5</td><td></td></tr>
<tr><td></td><td>MOYENNE DU MOIS. . . .</td><td>29.722</td><td>18.060</td><td></td></tr>
</table>

SEPTEMBRE

				Max.	Min.	Moyennes.
				DEGRÉS CENTIGRADES		
1	Tété (Fenêtre sud-est)			35	19	
2	—	—	vent S.-O.	34	18.5	
3	—	—	id.	34.5	19	
4	—	—	id.	36	20	
5	—	—	id.	36	21	
6	—	—	id.	36.5	21	
7	—	—	id.	34	19	
8	—	—	id.	36	18.5	1re QUINZAINE
9	—	—	id.	36.5	18	—
10	—	—	id.	37	18	37.750 Max.
11	—	—	id.	37	18.5	18.785 Min.
12	—	—	id.	37.5	19	
13	—	—	id.	36.5	18.5	
14	—	—	. . . .	38	18	
15	—	—	. . . .	38.5	17.5	
6	—	—	grand vent S.-O	39	17	
17	Départ		id.			

MOYENNES DES TEMPÉRATURES PAR QUINZAINES ET PAR MOIS

	AVRIL		MAI		JUIN		JUILLET		AOUT		SEPTEMBRE	
	Maximum	Minimum	Maximum	Minimum	Maximum	Minimum	Maximum	Minimum	Maximum	Minimum	Maximum	Minimum
1re Quinzaine.	»	»	29.966	20.100	23.333	20.433	23.400	21.800	28.633	17.933	35.750	18.785
2e —	26.545	22.785	29.000	16.625	23.566	22.133	25.531	20.593	30.842	18.487	»	»
	»	»	29.483	18.362	23.449	21.283	24.465	21.196	29.722	18.060	»	»
	QUELIMANE		FLEUVE		TÉTÉ							

MOYENNE TOTALE. . .   Maximum . . 28.235   Minimum . . 20.078   } 24.157

PARIS. — IMP. Vᵉ ÉTHIOU-PÉROU, RUE DAMIETTE, 2 ET 4.